La ciencia de los seres vivos

¿Qué son las plantas?

Bobbie Kalman

🍄 Crabtree Publishing Company

www.crabtreebooks.com

Serie La ciencia de los seres vivos
Un libro de Bobbie Kalman

**Para Kelly Glozier,
por su belleza y resistencia**

Autora y editora en jefe
Bobbie Kalman

Editora ejecutiva
Lynda Hale

Editoras de proyecto e investigación
Niki Walker
Kate Calder

Revisores y correctores de estilo
Heather Fitzpatrick
Hannelore Sotzek
John Crossingham

Diseño por computadora
Lynda Hale

Coordinación de producción
Hannelore Sotzek

Investigación fotográfica
Kate Calder

Consultor
Ronald Dengler,
Profesor de Botánica, University of Toronto

Consultora lingüística
Patricia Seidlitz, M.Ed, Maestra de Ciencias de secundaria

Ilustraciones
Barbara Bedell: páginas 4, 11 (parte inferior, ambas), 13 (parte superior),
 14, 18, 19 (parte inferior), 22 (todas excepto el narciso), 23, 24, 25
Bonna Rouse: páginas 6 y 7, 9, 10, 11 (las tres de la parte superior),
 13 (parte inferior), 15, 16, 17, 19 (parte superior), 22 (narciso), 30, 31

Fotografías
Lynda Hale: página 17
Bobbie Kalman: página 13
Robert McCaw: página 21 (parte superior)
Photo Researchers, Inc./Kjell B. Sandved: páginas 12, 13;
 Merlin D. Tuttle, Bat Conservation International: página 20
Tom Stack & Associates: Ken W. Davis: página 16;
 John Shaw: página 21 (parte inferior); Robert Winslow: página
 5 (parte superior)
Otras imágenes de Digital Stock y Eyewire, Inc.

Traducción
Servicios de traducción al español y de composición
 de textos suministrados por translations.com

Crabtree Publishing Company

www.crabtreebooks.com   1-800-387-7650

Library of Congress Cataloging-in-Publication Data
Kalman, Bobbie, 1947-
 [What is a plant? Spanish]
 ¿Qué son las plantas? / written by Bobbie Kalman.
  p. cm. -- (La ciencia de los seres vivos)
 Includes index.
 ISBN-13: 978-0-7787-8759-4 (rlb)
 ISBN-10: 0-7787-8759-1 (rlb)
 ISBN-13: 978-0-7787-8805-8 (pb)
 ISBN-10: 0-7787-8805-9 (pb)
 1. Plants--Juvenile literature. 2. Botany--Juvenile literature. I.
Title. II. Series.
 QK49.K1618 2005
 580--dc22
                                                   2005014870
                                                        LC

**Publicado en
los Estados Unidos**

PMB16A
350 Fifth Ave.
Suite 3308
New York, NY
10118

**Publicado
en Canadá**

616 Welland Ave.,
St. Catharines, Ontario
Canada
L2M 5V6

**Publicado en
el Reino Unido**

73 Lime Walk
Headington
Oxford
OX3 7AD
Reino Unido

**Publicado
en Australia**

386 Mt. Alexander Rd.,
Ascot Vale (Melbourne)
VIC 3032

Contenido

Los seres vivos necesitan a las plantas

La mayoría de los seres vivos de la Tierra dependen de las plantas. Las plantas brindan comida y protección a los animales y a los seres humanos. También producen gran parte del oxígeno del aire. El **oxígeno** es un gas que las personas y los animales necesitan para respirar.

Muchos animales obtienen energía al alimentarse de las plantas en esta pradera. La energía de las plantas luego pasa a otros animales, que se alimentan de los animales que comieron las plantas.

Las plantas crecen dondequiera que haya agua y sol suficientes para producir alimento. Usan la luz solar y el agua para producir alimento dentro de las hojas o tallos. Las plantas producen su propio alimento, pero también son una fuente de alimento para otros seres vivos.

El hogar de los animales

Las plantas son el hogar de animales e insectos de muchas formas y tamaños. Las ardillas y los monos viven en los árboles. Las aves usan partes de las plantas, como ramitas, hierbas y hojas, para construir el nido.

Purificadores de aire

Cuando las plantas producen su alimento, absorben **dióxido de carbono**, un gas del aire que es venenoso para las personas y los animales. Luego producen oxígeno, que limpia el aire que respiramos.

El efecto invernadero

El dióxido de carbono atrapa el calor del sol y hace que la temperatura de la Tierra se eleve por encima de lo normal. Este calentamiento se llama **efecto invernadero**.

Sin las plantas, la Tierra se calentaría cada vez más. Al absorber dióxido de carbono del aire, las plantas contribuyen a que la Tierra mantenga una temperatura estable. También liberan agua en el aire, lo cual baja la temperatura.

(derecha) En las zonas con muchos árboles, como los bosques tropicales, el aire es fresco y húmedo.

(arriba) Los zorros suelen hacer sus guaridas en troncos caídos. Los cachorros de zorro rojo abandonan la guarida en primavera.

¿Qué son las plantas?

Las plantas son seres vivos que pueden tener muchísimas formas y tamaños. Algunas son tan pequeñas que las podrías tener en la punta del dedo, y otras son los seres vivos más altos y pesados de la Tierra. Aunque parezcan distintas, todas las plantas tienen tres cosas importantes en común:

1. Están formadas por más de una **célula**.
2. Pueden producir su propio alimento.
3. Son verdes.

El reino verde

Todas las plantas pertenecen al **reino** de las Plantas. Un reino es un grupo de seres vivos que tienen características parecidas. Hay más de 300,000 **especies** o tipos distintos de plantas. Algunas especies aparecen en estas dos páginas.

Las plantas acuáticas viven en lagunas, ríos, lagos y océanos. Sus raíces, tallos y hojas son adecuados para vivir total o parcialmente sumergidos. Brindan alimento y protección a los animales y peces de los pantanos.

Plantas con semillas

Muchas plantas nacen de semillas. Para producirlas, las plantas necesitan el polen de otra planta (ver página 18).

Las plantas con flores forman el grupo más grande, con más de 250,000 especies conocidas.

¡Algunas comen carne! La Sarracenia purpurea que aparece arriba es una planta carnívora. Atrapa y come insectos y arañas.

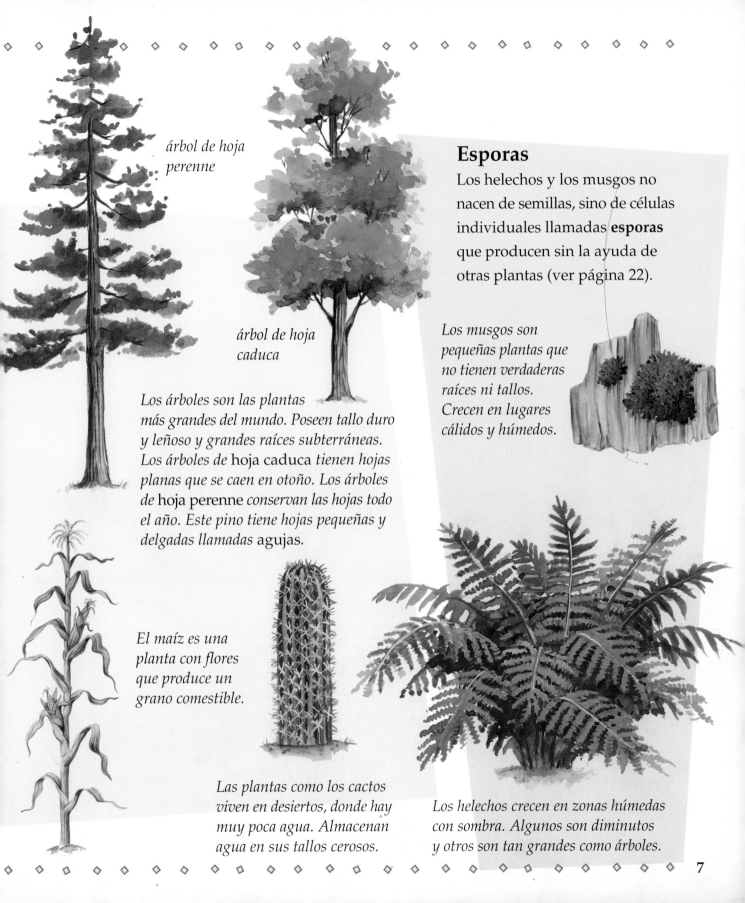

*árbol de hoja
perenne*

*árbol de hoja
caduca*

Esporas

Los helechos y los musgos no nacen de semillas, sino de células individuales llamadas **esporas** que producen sin la ayuda de otras plantas (ver página 22).

Los musgos son pequeñas plantas que no tienen verdaderas raíces ni tallos. Crecen en lugares cálidos y húmedos.

Los árboles son las plantas más grandes del mundo. Poseen tallo duro y leñoso y grandes raíces subterráneas. Los árboles de hoja caduca *tienen hojas planas que se caen en otoño. Los árboles de* hoja perenne *conservan las hojas todo el año. Este pino tiene hojas pequeñas y delgadas llamadas* agujas.

El maíz es una planta con flores que produce un grano comestible.

Las plantas como los cactos viven en desiertos, donde hay muy poca agua. Almacenan agua en sus tallos cerosos.

Los helechos crecen en zonas húmedas con sombra. Algunos son diminutos y otros son tan grandes como árboles.

No son plantas

Muchos seres vivos parecen plantas o se comportan como ellas, pero los científicos no los clasifican en este reino. Los corales, las setas, los **líquenes** y las **algas** no son plantas. Los corales y los abanicos de mar pertenecen al reino de los Animales.

Las setas son **hongos**. Las algas pertenecen a otro reino. Son **protistas**, es decir, seres vivos que tienen estructuras celulares simples. Los líquenes son organismos que se forman cuando un alga crece en un hongo.

Las setas y otros hongos pueden parecer plantas, pero no pueden producir su propio alimento.

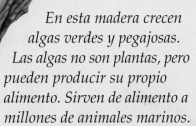

En esta madera crecen algas verdes y pegajosas. Las algas no son plantas, pero pueden producir su propio alimento. Sirven de alimento a millones de animales marinos.

abanico de mar

Los líquenes están formados por un alga y un hongo que tienen una relación simbiótica. Cada uno depende del otro para sobrevivir. El hongo absorbe agua y nutrientes. El alga los usa para producir alimento para sí misma y para el hongo.

coral

A veces las apariencias engañan. Los corales, las esponjas y los abanicos de mar parecen plantas, pero en realidad son animales.

Algas marinas

Las algas marinas son un tipo de alga. La mayoría de los científicos no las consideran plantas, pero se parecen a las primeras plantas que hubo en la Tierra. Al igual que las plantas primitivas, las algas marinas no tienen hojas, tallos ni raíces verdaderas. Las hay de todos los tamaños, desde muy pequeñas hasta 200 pies (61 m) de largo. Se usan como alimento o fertilizante.

Raíces, tallo y hojas

Las plantas tienen distintas formas y tamaños, pero la mayoría tiene raíces, hojas y tallo. Cada parte cumple una función para que la planta pueda sobrevivir. Observa las imágenes de estas páginas para averiguar cómo funcionan juntas las partes de una planta.

Las hojas absorben luz solar y producen el alimento de la planta. Pueden ser grandes o pequeñas, planas o delgadas como agujas. Las hojas grandes absorben mucha luz solar. Las pequeñas y delgadas conservan la humedad. Las hojas están adaptadas para que la planta sobreviva en su medio ambiente.

yema

pedúnculo
(tallo de la flor)

Sistema vascular

El **sistema vascular**, que es una red de tubos, conecta todas las partes de la planta. Un conjunto de tubos llamado **xilema** transporta agua y nutrientes desde las raíces hasta el tallo, las hojas y las flores. Otro conjunto, llamado **floema**, transporta el alimento desde las hojas al resto de la planta. El tejido blando del centro se llama **médula**. Las células de la médula almacenan alimento adicional.

La mayoría de los tallos mantiene erguidas a las plantas.

limbo de la hoja

pecíolo
(tallo de la hoja)

Las raíces fijan la planta al suelo y absorben agua y nutrientes, que se usan para producir alimento. Las duras **cofias** protegen la punta de las raíces a medida que éstas crecen y avanzan por el suelo.

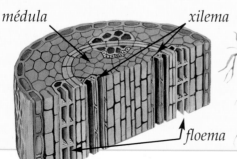

médula   *xilema*

floema

En la raíz

Hay tres tipos básicos de raíces: **pivotantes, fibrosas** y **adventicias**.

Las raíces adventicias salen del tallo y permiten que algunas plantas, como la hiedra, trepen por las paredes.

Las raíces fibrosas son raíces delgadas que se ramifican en todas direcciones cerca de la superficie de la tierra. Muchas plantas de desierto tienen raíces fibrosas para poder atrapar la mayor cantidad posible de agua del rocío de la mañana.

Una raíz pivotante es una raíz principal de la que salen muchas raíces pequeñas. Esta raíz se hace mucho más grande y gruesa a medida que crece.

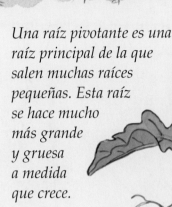

La epidermis o piel de la mayoría de las hojas está cubierta por una capa cerosa llamada cutícula. La cutícula protege la hoja y conserva la humedad.

(izquierda) Este tallo tiene dos hojas y cada una tiene tres folíolos.

Hojas

Las plantas se pueden identificar por la estructura de las hojas. Una hoja puede tener uno o varios limbos, llamados **folíolos**.

(derecha) Las hojas compuestas se dividen en varios folíolos. Esta planta tiene tres hojas compuestas.

11

Supervivencia

Las plantas viven en todo el mundo: en los desiertos, los bosques, las masas de agua, las cimas de las montañas y las heladas regiones árticas. Para sobrevivir en esos entornos rigurosos se han **adaptado** o cambiado lentamente de acuerdo con el medio ambiente. Tienen muchas formas de sobrevivir y protegerse.

Plantas acuáticas

Las plantas acuáticas tienen bolsas de aire en el tallo y las hojas que les sirven para flotar. Muchas absorben los nutrientes del agua a través de las hojas. Algunas tienen raíces largas.

Plantas de desierto

Las plantas de desierto no desperdician ni una sola gota de agua. Algunas tienen raíces fibrosas enormes que se empapan del rocío o la lluvia. Otras tienen raíces largas que pueden llegar hasta el agua subterránea. Las plantas de desierto tienen una cubierta cerosa que evita que se escape la humedad. Almacenan agua en los gruesos tallos. Al no tener hojas, los cactos no pierden humedad. Las agudas espinas les sirven para impedir que los animales se los coman.

Plantas tropicales

La densa vegetación del bosque tropical impide que llegue mucha luz al suelo del bosque. Muchas plantas tienen hojas anchas para atrapar la mayor cantidad posible de luz solar. Algunas, como las enredaderas que ves a continuación, trepan por los árboles para acercarse a la luz.

(izquierda) Las amapolas alpinas tienen diminutos vellos en el tallo que sirven para conservar el calor y la humedad.

(abajo) Los musgos crecen en las piedras, que los protegen del viento.

Sobrevivir en el frío

Las plantas que viven en las regiones árticas y en las cimas de las montañas deben soportar vientos fuertes, temperaturas de congelación y poca lluvia. Crecen a poca altura del suelo para evitar el viento, que puede dañar sus hojas y secarlas. Tienen hojas muy pequeñas y pierden poca agua. Muchas están cubiertas por delgados vellos que les sirven para mantener el calor, como si fueran una manta.

En defensa propia

Las plantas son blanco fácil de insectos y animales hambrientos, pero han desarrollado muchas formas de protegerse. Algunas tienen veneno en las hojas, los frutos o las semillas. El animal que las come puede enfermar e incluso morir. Otras tienen vellos frágiles y huecos llenos de veneno. Cuando un animal se frota contra la planta, los vellos le raspan la piel y el veneno provoca una picazón dolorosa o ardor. Otras plantas se disfrazan para esconderse de los enemigos. Las plantas piedra, que ves a la izquierda, se pueden ocultar porque parecen guijarros. Este tipo de disfraz se llama **mimetismo**.

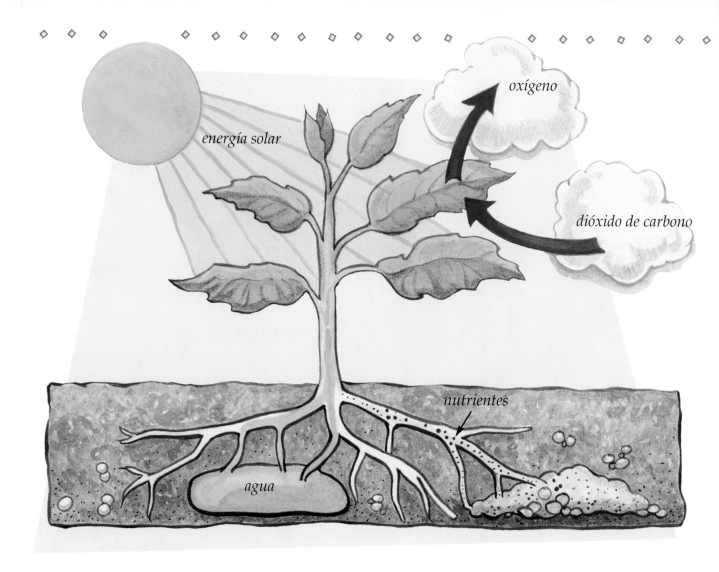

energía solar

oxígeno

dióxido de carbono

nutrientes

agua

Producción de alimentos

Las plantas usan la energía del sol para fabricar alimentos. Este proceso se llama **fotosíntesis**. La fotosíntesis sólo se realiza cuando hay luz del sol. Las hojas de las plantas contienen una sustancia verde llamada **clorofila**, que absorbe la energía del sol. Las plantas usan la energía solar para convertir dióxido de carbono y agua en alimento. El alimento que las plantas producen se llama **glucosa** y es un tipo de azúcar. Se desplaza por la planta en un líquido llamado **savia**.

Para producir alimento, las plantas absorben luz solar, dióxido de carbono, agua y nutrientes. Al producir alimento, las plantas liberan oxígeno al aire.

Hacia la luz

Las plantas no pueden viajar de un lugar a otro como los animales, pero pueden mover el tallo, las raíces y las hojas para obtener el sol y el agua que necesitan para lá fotosíntesis. Las plantas perciben dónde hay agua y las raíces crecen hacia ese lugar. El tallo y las hojas crecen hacia el sol o la luz proveniente de una lámpara.

Los girasoles giran hacia el sol. A lo largo del día, la flor se va volviendo en dirección al sol, a medida que éste atraviesa el cielo.

Las células de las hojas

Las células son los seres vivos más pequeños. Se pueden ver sólo con un microscopio. Todos los seres vivos están formados por células. Algunos tienen una sola célula y otros están formados por millones de ellas. La célula tiene una **membrana** o pared exterior que la mantiene intacta. El **núcleo** controla lo que la célula hace. Cada tipo de célula tiene una función distinta. Esta célula vegetal se encuentra en las hojas. Tiene **cloroplastos**, que le ayudan a la planta a producir alimento. La **vacuola** almacena alimento y crece a medida que la planta absorbe agua.

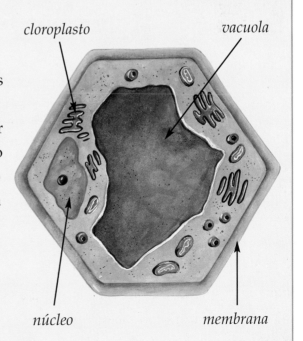

cloroplasto

vacuola

núcleo

membrana

Otras formas de obtener alimento

Aunque las plantas producen su propio alimento, algunas también se alimentan de insectos, arañas y pequeños animales, como ratones y ranas. Se llaman plantas carnívoras. Usan las hojas para atrapar y matar a la **presa**, es decir, a los animales a los cuales se comen. La mayoría de las plantas carnívoras viven en lagunas o marismas, donde no hay suficientes nutrientes. Necesitan alimentarse de carne para obtener los nutrientes adicionales que necesitan.

Este insecto se ha posado sobre un rocío del sol y ahora está pegado. El rocío del sol usa jugos pegajosos para comerse al insecto.

pelos disparadores

La Venus atrapamoscas

La Venus atrapamoscas es una **trampera activa**. Atrapa las presas que tocan los **pelos disparadores** de la hoja. Cuando la planta atrapa a la presa, de la hoja salen jugos digestivos. Éstos descomponen las partes blandas de la presa para que la planta los pueda usar, pero no pueden descomponer partes duras, como alas o huesos.

La hoja de la Venus atrapamoscas tiene una bisagra en el medio y tres pelos disparadores en cada lado. Cuando un insecto o una rana se posa en la hoja y mueve dos de los tres vellos, ésta se cierra rápidamente. De esta forma, la presa queda atrapada en el interior.

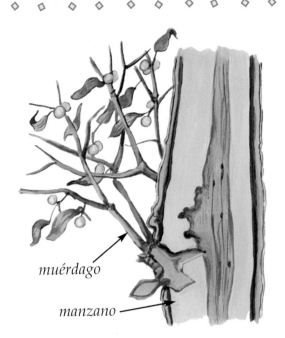

muérdago

manzano

Alimentarse de otras plantas

Las plantas **parásitas** sobreviven gracias a que obtienen su alimento de otras plantas. Se sujetan de una planta **huésped** y le roban su alimento y nutrientes. El huésped a menudo muere. La mayoría de las plantas parásitas tienen hojas pequeñas con poca clorofila. Al no tener suficiente clorofila, no pueden producir su propio alimento. El muérdago es una planta parcialmente parásita: introduce las raíces directamente dentro de un manzano para obtener nutrientes, pero también tiene hojas para producir su propio alimento.

El higo estrangulador

El higo estrangulador es un árbol que se apoya en otro. Lanza sus raíces desde una rama alta del árbol huésped. Las raíces llegan al suelo y rodean al árbol huésped, el cual se pudre. El higo estrangulador que ves aquí hizo que el tronco del árbol huésped cayera sobre un árbol cercano. Las largas raíces formaron una cortina que llega al suelo.

El higo estrangulador comienza a crecer en el árbol huésped.

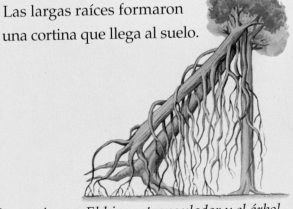

El higo estrangulador y el árbol huésped caen sobre un árbol cercano.

Las raíces crecen hasta el suelo formando una cortina.

Crecer de semillas

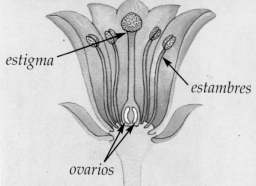

estigma

estambres

ovarios

Aunque las flores tienen distintos colores, formas y tamaños, todas tienen las mismas partes. Los estambres y estigmas se usan en la polinización, y los ovarios se convierten en frutos que contienen semillas.

Las flores son hermosas, pero su función es mucho más importante que ser agradables. Están diseñadas para la **polinización**, que es el primer paso en la producción de semillas. La polinización se produce cuando el polen de los **estambres** de una flor llega al **estigma** de otra. Después de la polinización, la flor pierde los pétalos. Los ovarios que hay en su interior crecen y se convierten en el fruto. El fruto contiene las semillas de las que nacerá otra planta.

Echar raíces

La semilla es una cápsula que contiene un diminuto **embrión** o planta nueva. También contiene alimento para que el embrión crezca. Todos los embriones tienen una radícula, ue crece hacia el suelo y se convierte en raíz. Cuando la semilla llega a un lugar donde hay suficiente espacio y agua, comienza a **germinar** o crecer para convertirse en una nueva planta. Cuando a la nueva planta le comienzan a crecer hojas, empieza a usar agua y luz solar para producir su propio alimento.

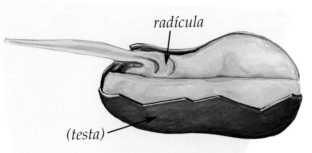

radícula

(testa)

La semilla absorbe agua hasta que la testa se rompe y la radícula se abre camino en la tierra. Poco después, el primer brote sale del suelo.

El ciclo de vida

Estas imágenes muestran cuatro etapas del ciclo de vida de una planta con flores. La vaina de esta planta de frijoles es el fruto y los rijoles son las semillas.

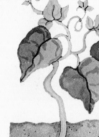

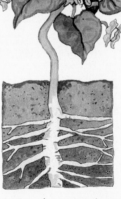

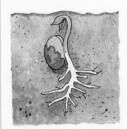

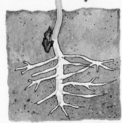

1. La semilla se abre. La radícula crece hacia abajo y el tallo crece hacia arriba.

2. A la planta joven le crecen hojas y comienza a producir su propio alimento.

3. Los insectos traen polen de otras plantas de frijoles y polinizan las flores de esta planta.

4. Se forma un fruto alrededor de las semillas. El fruto y las semillas caen al suelo.

Ayuda de la naturaleza

A este murciélago de las frutas se le pega el polen a la cara mientras se alimenta del sabroso néctar. Parte del polen se pegará en otras flores a las que el murciélago irá.

Las plantas no se pueden mover de un lugar a otro. Por eso necesitan ayuda para esparcir tanto el polen como las semillas. Para ello algunas dependen del viento. Otras dependen de animales como insectos, aves, murciélagos, ratones y babosas.

Misión: atraer

Los animales que ayudan a llevar el polen de una planta a otra se llaman polinizadores. Muchos **polinizadores** se ven atraídos por los vivos colores de los pétalos y el dulce aroma de las flores. Las plantas producen un líquido llamado **néctar**, del cual se alimentan los polinizadores. El néctar está en el centro de la flor, así que cuando tratan de llegar a él, a los polinizadores se les pega el polen en el cuerpo. Estos animales luego van a otras flores parecidas para obtener néctar y llevan el polen con ellos. Cuando el polen llega a la siguiente flor, el proceso de polinización concluye.

Los abrojos viajan en el hocico de este búfalo hasta un lugar donde caerán y echarán raíces.

Semillas viajeras

Las semillas deben ir a nuevos lugares para no competir por el espacio y el agua con las plantas de las cuales provienen. Cuando las aves y otros animales se comen los frutos, las semillas llegan a otros lugares en los excrementos de los animales. Algunas semillas están cubiertas por abrojos que se pegan a la piel de un animal. Cuando se abren los ganchos del abrojo, las semillas caen al suelo. Las semillas de diente de león vuelan con ayuda de una especie de paracaídas. Los cocos flotan en el agua hasta encontrar nuevas tierras para que las semillas germinen.

Las semillas de algodoncillo están sujetas a vellos blancos y sedosos que flotan en el aire y llevan las semillas como si fueran paracaídas.

Otras formas de crecer

La mayoría de las plantas crecen de semillas, pero muchas tienen otras formas de **reproducirse**. Algunas plantas brotan de los tallos de otras. Otras producen **bulbos** que almacenan alimento y crecen para convertirse en nuevas plantas. Algunas no producen ningún tipo de semilla, sino que producen esporas de las que nacen nuevas plantas.

Producir helechos nuevos

Los helechos no crecen de semillas ni necesitan el polen de otras plantas. Producen esporas en la parte inferior de los **frondes** u hojas. Las esporas se desprenden y algunas se convierten en plantas diminutas llamadas **prótalos**. Del prótalo brota una nueva planta, que obtiene nutrientes de él hasta que puede producir su propio alimento. Luego el prótalo muere y la nueva planta crece para convertirse en un helecho lleno de hojas.

Bulbos

Algunas plantas, como los narcisos, salen de bulbos que almacenan alimento. Los bulbos son una masa de hojas carnosas y cortas ceñidas alrededor de tallos gruesos. Cuando el clima es cálido, de ellos crecen tallos y flores. Alrededor de los bulbos originales salen nuevos bulbos. Durante el invierno están inactivos, pero en primavera producen plantas.

bulbo nuevo

helecho nuevo

esporangios

esporas

Millones de esporas crecen en los pequeños esporangios situados en el revés de los frondes de los helechos.

Los esporangios se rompen y sueltan esporas parecidas al polvo.

De la espora crece un prótalo, del cual crece el helecho. El pequeño helecho se estira y abre a medida que crece.

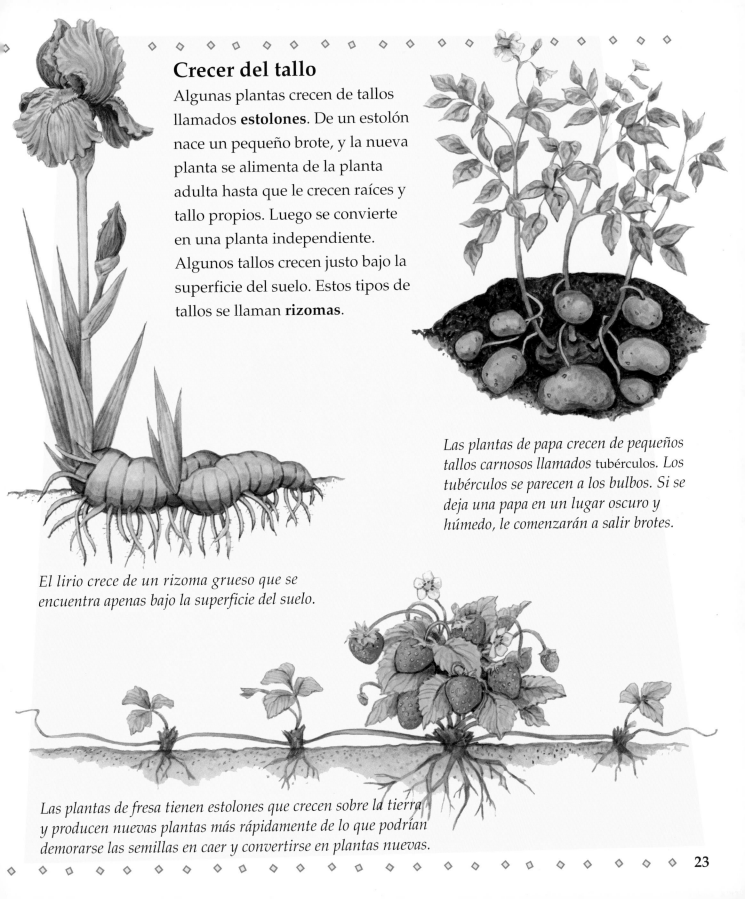

Crecer del tallo

Algunas plantas crecen de tallos llamados **estolones**. De un estolón nace un pequeño brote, y la nueva planta se alimenta de la planta adulta hasta que le crecen raíces y tallo propios. Luego se convierte en una planta independiente. Algunos tallos crecen justo bajo la superficie del suelo. Estos tipos de tallos se llaman **rizomas**.

Las plantas de papa crecen de pequeños tallos carnosos llamados tubérculos. Los tubérculos se parecen a los bulbos. Si se deja una papa en un lugar oscuro y húmedo, le comenzarán a salir brotes.

El lirio crece de un rizoma grueso que se encuentra apenas bajo la superficie del suelo.

Las plantas de fresa tienen estolones que crecen sobre la tierra y producen nuevas plantas más rápidamente de lo que podrían demorarse las semillas en caer y convertirse en plantas nuevas.

Árboles y bosques

Hay bosques en todo el mundo, excepto en las regiones cercanas a los polos. En los climas fríos del norte hay bosques **boreales** con árboles de hoja perenne. Los climas con estaciones cálidas y frías tienen bosques **mixtos** y de hoja caduca. Los bosques mixtos tienen árboles tanto de hoja perenne como de hoja caduca. Los **bosques tropicales** se encuentran en climas en los que hace calor todo el año.

Las semillas de las coníferas crecen en conos. Éstos tienen capas de corteza dura que protegen las semillas.

dosel

sotobosque

suelo del bosque

Las plantas de los bosques tropicales crecen en tres capas: el dosel, *el* **sotobosque** *y el suelo del bosque.*

Coníferas

Los árboles de hoja perenne conservan la mayoría de las hojas todo el año. Los que crecen en climas fríos se llaman **coníferas** porque producen conos. Los abetos, las piceas y los pinos son coníferas. Tienen hojas cerosas y parecidas a agujas que evitan que el agua se evapore.

Árboles tropicales de hoja perenne

En los climas cálidos, los árboles crecen todo el año. Tienen que ser muy altos para que las hojas obtengan luz solar suficiente para la fotosíntesis. Muchos crecen más de 15 pies (5 m) en un año. Otras plantas tropicales usan a los árboles para sobrevivir en los bosques. Las enredaderas se enredan en los árboles altos para poder acercarse a la luz del sol. Algunas plantas crecen en las ramas de los árboles. Las raíces que cuelgan absorben humedad del aire.

Árboles de hoja caduca

Los árboles de hoja caduca pierden las hojas antes del invierno. En los meses cálidos del verano, los árboles crecen y producen hojas, frutos y semillas. Durante los días cortos y fríos del invierno, hay menos luz para la fotosíntesis y las raíces no pueden obtener agua del suelo helado. Los árboles pierden las hojas en otoño y permanecen **durmientes** o inactivos durante el invierno. Al no tener hojas, no pierden humedad en el clima seco y frío del invierno.

Los árboles son importantes

Los árboles cumplen muchas tareas importantes. Brindan protección y alimento a los animales y liberan oxígeno y agua en el aire. También ayudan a ahorrar electricidad. Los edificios que están a la sombra de los árboles necesitan menos aire acondicionado que los que están directamente bajo el sol.

Las raíces ayudan a detener la erosión *manteniendo la tierra en su lugar. Además, absorben el agua de lluvia, lo que evita las inundaciones.*

1. A medida que el clima se hace más frío, se forma una capa de corcho *en el extremo del tallo de las hojas.*

corcho

clorofila

2. La clorofila de la hoja, que le da el color verde, comienza a descomponerse. A medida que desaparece, las hojas comienzan a tornarse de color rojo, amarillo o anaranjado.

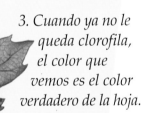

3. Cuando ya no le queda clorofila, el color que vemos es el color verdadero de la hoja.

4. Por último, la hoja muere y cae al suelo.

Plantas y personas

Las plantas nos sirven para muchas cosas. Las usamos para producir alimentos, como la harina, la mantequilla de cacahuate y el azúcar. El algodón, el lino y el rayón son telas que se producen tejiendo fibras de plantas. Entre otros productos que se obtienen de las plantas se encuentran medicamentos, madera, caucho y papel.

Algunos medicamentos que se usan para tratar el cáncer, las enfermedades del corazón y las infecciones se producen a partir de las plantas. Ciertos productos, como la pasta de dientes y el enjuague bucal, tienen ingredientes que provienen de las plantas.

Frutas y verduras

Las frutas y verduras se obtienen directamente de las plantas. Las frutas son las partes de las plantas que contienen semillas. Los tomates son frutas. Las otras partes de las plantas que comemos se llaman verduras. Las zanahorias son raíces, el brócoli es un grupo de flores y los guisantes son semillas.

Los animales y los seres humanos comen muchos tipos de frutos. Las naranjas son una buena fuente de vitamina C.

(arriba) Los árboles se usan para producir papel, como los pañuelos desechables, el cartón y el papel periódico. El papel se produce en grandes rollos. Al reciclarlo, podemos ayudar a salvar árboles.

(derecha) La ropa de estos niños está hecha de fibras de la planta de algodón. La soga está hecha de otras fibras vegetales. El neumático está hecho en parte de la savia de los árboles de caucho.

La gente disfruta mucho de la belleza de las plantas y los árboles. ¡Dar un paseo entre las plantas es fabuloso!

Peligros que corren

Las plantas están sufriendo daños en todos sus hábitats. Los bosques, las praderas, los pantanos y los océanos se están destruyendo. Cuando se destruyen las plantas, los animales que dependen de ellas también sufren.

Océanos

Los océanos y los mares son los hábitats más grandes de la Tierra y albergan a los animales más grandes y más pequeños. Los océanos contienen diminutos organismos parecidos a plantas que pueden producir su propio alimento. A su vez, sirven de alimento a millones de criaturas marinas. Las sustancias químicas de las fábricas y las aguas residuales de las ciudades están perjudicando a los seres vivos. Los buques **cisterna** o tanques pueden derramar petróleo en el océano y matar tanto a plantas como a animales.

Las empresas petroleras excavan el fondo del océano para encontrar petróleo. Las fugas o derrames de las plataformas petroleras marítimas y de los buques cisterna que transportan el petróleo matan a muchos seres vivos, incluidas las plantas de las que se alimentan los animales.

Pantanos

Millones de plantas y animales viven en los pantanos. La contaminación y los pesticidas envenenan estas zonas. Los seres humanos drenan los pantanos para cultivar o construir casas. Cuando los pantanos se drenan, las plantas acuáticas mueren. Las aves que migran y usan los pantanos para descansar pierden su fuente de alimento.

Bosques

La mitad de las especies de plantas y animales de la Tierra viven en los bosques. Los bosques tropicales son el hogar de muchos tipos de plantas con las que se producen medicamentos. Los seres humanos cortan los árboles para producir madera y papel, y para despejar tierras para la agricultura. Muchos bosques tropicales se queman para crear ranchos ganaderos.

Los árboles y las plantas almacenan carbono en el tronco o el tallo. Cuando los bosques se queman, el dióxido de carbono se libera en el aire, lo cual produce contaminación. La contaminación del aire es nociva para las personas y los animales.

Investigar las plantas

¿Cuántas plantas conoces? Da un paseo por el campo y escribe los nombres de las plantas que veas. Dibuja las que no conozcas y búscalas en un libro de botánica. Para averiguar más sobre las plantas, completa las actividades de estas páginas.

Hacer crecer una zanahoria

La zanahoria es una planta que almacena energía en la raíz. Toma una zanahoria fresca y corta la parte con hojas y tres cuartos de la parte inferior. Clávale palillos y colócala en un vaso con agua de manera que la parte inferior de la zanahoria toque el agua. Con la energía que la zanahoria ha almacenado en la raíz, las hojas de la parte superior volverán a crecer.

Las plantas y la luz

¿Qué sucede si una planta no recibe luz suficiente? Con ayuda de unos sujetapapeles, cubre una hoja con un papel para bloquear la luz solar. Coloca la planta en un lugar soleado. Después de unos días, retira el papel. ¿Qué aspecto tiene la parte cubierta de la hoja?

Las plantas y el dióxido de carbono

¿Qué sucede si una planta no recibe aire suficiente? Cubre las hojas de una planta con vaselina. La luz podrá llegar a la hoja, pero el aire no. Observa cómo se ve la hoja después de unos días de estar sin aire.

El médico de los árboles

Examina los árboles y las plantas de un parque cerca de tu casa o en el patio de la escuela. Mira las hojas, las flores, las ramas y el tronco de los árboles. ¿Qué clase de animales viven en los árboles? ¿Hay señales de daños causados por tormentas, insectos, animales o personas? Escribe un informe con tus resultados.

Una obra de arte

Elige una planta o árbol para dibujarlo. Dibuja toda la planta o sólo una parte, como una flor o un cono. Dibuja la mayor cantidad posible de detalles.

¿Cuántos años tengo?

¡Cuenta los anillos de este tronco para averiguarlo!

Construye tu propio terrario

Un **terrario** es un recipiente en donde se mantienen plantas para observarlas. Puedes usar una pecera o un frasco grande para construirlo. Primero, coloca una capa de tierra para macetas en el fondo. Luego, planta distintos tipos de plantas y coloca piedras y palitos junto a ellas. Elige plantas pequeñas, como musgos y helechos, que crecerán lentamente. Para mantener las hojas húmedas, rocíalas con agua todos los días.

Glosario

Nota: Es posible que las palabras en negrita que aparecen en el libro no figuren en el glosario.

alga Organismo diminuto que puede producir su propio alimento. Puede crecer en el mar o en ríos y lagos

arbusto Planta de tronco leñoso cuyas ramas crecen a poca altura del suelo

bulbo Masa de hojas muy apretadas que almacenan alimento para la planta

carnívoro Palabra que describe a un ser vivo que come carne

clorofila Pigmento verde que se encuentra en las plantas y que les permite producir su propio alimento

conífera Árbol de hoja perenne que conserva las hojas todo el año

efecto invernadero Expresión que describe cómo ciertos gases, como el dióxido de carbono, mantienen el calor atrapado en la atmósfera de la Tierra

erosión Proceso por el cual los materiales, como las piedras o el suelo, se desgastan

espora Célula diminuta producida por musgos y helechos de la cual puede crecer una nueva planta

fotosíntesis Proceso por el cual las plantas usan energía solar para convertir agua y dióxido de carbono en glucosa y liberan oxígeno al aire como producto secundario

germinar Crecer de una semilla y convertirse en planta

Hongos Reino cuyas especies, como los mohos y las setas, obtienen su alimento de seres tanto vivos como muertos. Los champiñones son un tipo de hongo

huésped Animal o planta que mantiene a un parásito

pantano Zona de tierras que están bajo aguas poco profundas todo el tiempo o parte del mismo

pigmento Material natural que le da el color a un animal o planta

prótalo Planta pequeña y delicada que nace de una espora. Puede producir otra planta, como un helecho

raíz Parte subterránea de una planta que la sujeta al suelo y absorbe agua y nutrientes

rizoma Tallo subterráneo

semilla Cápsula producida por la mayoría de las plantas, de la cual crece una nueva planta

tallo Parte de una planta que la mantiene erguida y conecta la raíz a las hojas y flores

trampera activa Expresión que describe a una planta carnívora que usa movimientos para atrapar a su presa

tubérculo Tallo subterráneo grueso del cual crecen nuevas plantas

Índice

1 2 3 4 5 6 7 8 9 0 Impreso en Canadá 4 3 2 1 0 9 8 7 6 5